QUELQUES TRAITS DE LA VIE
ET DE LA MORT
DE MADAME
EUGÉNIE DE GRAMONT.

PAR

M. LE COMTE LOUIS DE CALVIMONT.

EXTRAIT DE LA QUOTIDIENNE DU 25 JANVIER 1847.

La Maison du Sacré-Cœur, rue de Varennes, vient de perdre une supérieure qui en fut le soutien comme l'édification pendant de longues années. Mme Eugénie de Gramont, fille aînée du comte de Gramont d'Aster et de la comtesse son épouse, née de Boisgelin, et dame du palais de Marie-Antoinette, naquit en 1788, et suivit bientôt ses nobles parens sur la terre d'exil, où les poussait la tempête révolutionnaire. Son éducation toutefois ne souffrit point de ces vicissitudes de fortune, et les soins assidus de sa mère développant les qualités de l'esprit et du cœur dont elle était si supérieurement douée, elle acquit ce tact délicat et sûr, cette intelligence des affaires, cette prudence consommée, qui parurent en elle devancer l'expérience. On jugera par un seul trait de la maturité précoce de son caractère et de son esprit. La comtesse de Gramont était rentrée en France en 1798. Quoique le Directoire eût fait succéder un gouvernement moins odieusement tyrannique au régime sanglant de la Terreur, on se croyait obligé à une extrême circonspection, et les personnes qui venaient chez elle lui firent observer qu'il y avait peut-être de l'imprudence à parler avec si peu de mystère devant sa jeune fille, alors âgée de 10 ans. *Ne craignez rien*, répondit la mère, *Eugénie est la discrétion même.* Sa fidélité au silence qu'elle s'était dès lors imposé sur les hommes et les choses de ce temps-là fut si constante, que plus tard même elle n'y revenait qu'avec la plus grande réserve. Son éducation se continua dans les habitudes paisibles d'une vie très retirée ; on cultiva soigneusement les heureuses dispositions de son esprit ; ses vertus annonçaient déjà ce qu'elle serait un jour, et dès l'âge de dix-huit ans, poussée par ce besoin de dévoûment que la foi inspire aux âmes élevées, elle entra dans la société naissante du Sacré-Cœur à Amiens, pour s'y consacrer tout entière à l'éducation chrétienne des jeunes personnes.

Peu d'années après, Mme de Gramont se vit chargée de la direction du pensionnat, et sut gagner les cœurs de ses élèves dont plusieurs sont revenues plus tard lui confier leurs propres filles. La Maison de Paris s'étant ouverte en 1816, ses talens et son expérience l'appelèrent à la tête de cet établissement, qu'elle a su rendre florissant, et où, pendant trente années, elle a fait éclater les hautes vertus et les dons si rares dont elle était ornée. Malgré l'extrême faiblesse de sa santé, elle suffisait à tous ses devoirs envers une communauté nombreuse et un pensionnat où la renommée de son mérite attirait des enfans de toutes les parties du monde.

C'est surtout dans la culture de ces jeunes plantes que Mme de Gramont a déployé la sagesse de son esprit et les tendresses infinies de sa charité. Quelle mère fut plus active et plus vigilante? Quelle mère justifia jamais un nom si saint et si doux par des soins plus assidus, par l'effusion plus abondante d'un amour véritablement maternel? Elle voyait dans ces enfans, tendres fleurs à peine écloses, des épouses, des mères, et les préparait de loin à la noble et angélique mission que la femme doit accomplir sur la terre. Quelle autre a su mieux qu'elle faire entrer dans ces âmes que la candeur de l'innocence rend si dociles aux inspirations de la vertu, ces sentimens si héroïques dans leur simplicité, si sublimes dans leur modestie, qui font de l'épouse et de la mère chrétienne un être que le christianisme seul a pu montrer à la terre. Combien n'en est-il pas sorti des mains de Mme de Gramont, de ces femmes en qui le monde voit briller ces douces vertus qui font tout à la fois le bonheur de la famille et le charme de la société? Et certes, il n'en est sans doute pas une seule qui, du pieux et solitaire asile où s'écoulèrent heureuses les premières années de son printemps, transplantée dans ce monde où de cruelles déceptions l'attendaient peut-être, n'ait conservé pour celle qui lui prodiguait les soins d'une affectueuse maternité, la tendresse d'une fille reconnaissante.

Au milieu de tant d'occupations qui semblaient devoir l'absorber, Mme de Gramont trouvait encore du temps à donner à ceux qui venaient réclamer ou ses conseils, ou les secours de sa charité, vertu qu'elle poussa jusqu'à l'excès, et dont personne ne cacha plus soigneusement les actes sous le voile de l'humilité. Qui pourrait dire combien de familles ont été soutenues par ses bienfaits? Que de nobles misères ils ont adoucies? Le monde l'ignore, Dieu le sait ; tel est l'éloge unanime que s'accordent à faire de Mme de Gramont les religieuses et les pensionnaires qui seules ont été les compagnes ou les témoins de sa vie cachée dans l'ombre impénétrable du cloître.

Pour moi, qui eus le bonheur de me voir compris dans le petit nombre de ceux qu'elle daigna honorer d'une bienveillance particulière, je croirais trahir les vœux d'une pieuse reconnaissance, si je ne venais pas rendre ici un public hommage à des vertus qui, en dehors même des limites étroites du saint asile où elle aurait voulu les ensevelir, ont trouvé aussi dans le monde tant de justes et dignes appréciateurs.

Déjà, dans une première nécrologie publiée par l'*Univers,* on a dit que d'augustes princes rendus encore plus chers à tous les cœurs nobles et fidèles par l'exil et le malheur, avaient pour Mme de Gramont une estime si marquée, que l'auguste fille de Louis XVI, par exemple, daignait aller la visiter quelquefois dans sa modeste retraite de religieuse. C'est qu'elle avait trouvé en elle, à côté de la sagesse qui éclaire, l'onction sainte qui console. Mais je suis heureux de pouvoir ajouter à ce que dit l'*Univers*, un souvenir qui m'est personnel. Lorsque, vers la fin de 1833, j'eus l'honneur d'être admis, à Prague, auprès de cette royale famille qui, alors, du moins, éprouvait la douce consolation de n'avoir perdu aucun de ses membres, je pus voir que trois années remplies de tant d'amertume n'avaient point affaibli en elle le souvenir de Mme de Gramont ; et, cette fois, ce fut Charles X lui-même qui daigna témoigner sa considération pour elle. A peine avais-je eu le bonheur, à la fois doux et amer, de pénétrer auprès de lui, que son cœur toujours rempli d'amour pour la France et pour tout ce qui était à ses yeux éminemment français, sembla prendre plaisir à s'épancher en m'interrogeant sur différentes personnes dont il accompagnait le nom des touchantes expressions de sa royale sollicitude. Mme de Gramont fut de ce nombre, et il termina l'éloge qu'il en fit en ajoutant : «Je vous charge de lui dire que je l'affectionne toujours beaucoup, et que je fais le plus grand cas de son caractère.»

Après ces paroles il semble qu'il est inutile de rien ajouter, et que toute autre louange languirait auprès de l'hommage rendu par un tel roi ; car j'oserai le dire en dépit d'un vulgaire mais injuste préjugé, les lumières et les connaissances de ce prince étonnèrent souvent les hommes même les plus éminens admis à s'asseoir dans ses conseils.

Je crois cependant ne pouvoir passer sous silence l'opinion récemment exprimée sur elle par un membre distingué d'une de nos assemblées législatives, qui ayant à s'occuper de l'éducation des filles, à propos de la loi présentée sur la liberté de l'enseignement, avait été bien aise d'éclairer ses propres méditations des lumières et de l'expérience de Mme de Gramont. Après un long entretien avec elle sur cet important sujet, il se retira saisi d'étonnement et d'admiration, et rencontrant un de ses amis : *Quelle femme,* s'écria-t-il en lui rendant compte de sa visite, *mon Dieu! quelle femme!* Quelque idée qu'il eût conçue d'avance de la capacité de Mme de Gramont, elle surpassa son attente.

C'était surtout dans les circonstances difficiles et imprévues, quand autour d'elle l'inquiétude et la crainte semblaient troubler tous les esprits, que le sien faisait éclater sa force et son énergie. La netteté de ses réponses, la sagesse de ses résolutions, prises sans hésitation et sans embarras, attestaient, avec un génie supérieur, cette fermeté d'âme et cette promptitude à prendre un parti qui sont l'attribut essentiel des esprits aptes à gouverner les autres. Mais à ces qualités qui sont quelquefois accompagnées de sécheresse et de raideur, elle joignait la bonté la plus expansive, une charité affectueuse et tendre qui faisait chérir l'obéissance et confondait dans un sentiment unique le respect et l'amour.

Toute l'Europe connaît l'esprit élevé et la haute capacité du cardinal Lambruschini qui fut si long-temps l'âme et le chef des conseils de Grégoire XVI. Pendant les dernières années de la Restauration il occupait à Paris le poste important de représentant du Saint-Siége en qualité de nonce apostolique. Il n'avait pas tardé à distinguer dans Mme de Gramont les qualités éminentes qui faisaient d'elle une femme si remarquable et le modèle des religieuses. Aussi aimait-il à se dérober quelquefois à ses graves préoccupations pour aller goûter auprès d'elle le charme de ses nobles et doux entretiens, où l'élévation de l'esprit était au niveau de celle des sentimens. Il en emporta le souvenir dans la capitale du monde chrétien, et après treize années, ce souvenir était encore si présent, qu'il m'écrivait de Rome le 16 mars 1844 : « Vous avez bien raison de parler avec tant d'estime de Mme de Gramont, digne supérieure du Sacré-Cœur, à Paris. Elle mérite par son zèle pur et fervent, et par sa conduite sage et prudente, les éloges que vous lui prodiguez. » Ce témoignage rendu à Mme de Gramont quand nous avions encore le bonheur de la posséder, devient pour elle la plus glorieuse des oraisons funèbres, au moment où nous venons de la perdre.

Les relations de Mme de Gramont avec les hauts dignitaires de l'Église s'étendirent à peu près à tout l'épiscopat français, et dans un nombre aussi considérable de prélats tous distingués par des lumières et des vertus qui sont l'ornement et l'édification de l'Église, il n'en est peut-être aucun qui n'ait confirmé d'une manière plus ou moins directe, l'éloge si complet que le cardinal Lambruschini a cru pouvoir faire d'elle. L'écrivain de l'*Univers* a désigné dans ce sens un certain nombre de ces prélats, auxquels il aurait pu ajouter Mgrs de Toulouse, de Bordeaux, d'Orléans et de Bayonne. Je suis bien aise qu'en se bornant à effleurer d'un trait rapide la mémoire de Mgr de Quélen, ce journal m'ait en quelque sorte réservé le doux soin de jeter à la fois et après lui quelques fleurs sur deux tombes que notre douleur et notre piété doivent rapprocher ici, de même que, dans les derniers temps de leur vie, les circonstances rapprochèrent, d'une manière à la fois si touchante et si édifiante, ceux dont elles renferment les dépouilles vénérées.

Quand le génie des révolutions s'est une fois emparé d'un peuple, on voit les tempêtes y succéder aux tempêtes. Ainsi, pendant les journées de juillet, le vénérable chef du diocèse de Paris avait dû s'enfuir de son palais, menacé par la fureur d'un peuple égaré ; mais au mois de février suivant, cette fureur, tout-à-coup réveillée, s'abattit sur cette paisible demeure, asile sacré de la charité et des plus héroïques vertus, et ne laissa à la place où elle s'élevait qu'un triste monceau de ruines. Dès lors le premier pasteur du diocèse se vit forcé de chercher ailleurs un domicile, et une double pensée de charité s'arrêta dans son esprit et dans son cœur. Réserver aux pauvres ce qu'il aurait fallu pour se procurer un logement convenable, et partager la faveur qui lui était instamment demandée par tous les établissemens religieux de Paris, entre deux d'entre eux auxquels la préférence lui paraissait devoir être moins onéreuse ; tel fut le projet qu'il voulut mettre à exécution. Certes, le choix de ce nouveau confesseur de la foi était bien fait pour flatter les établissemens qui en étaient l'objet. Ce furent les couvens de Saint-Michel, rue Saint-Jacques, et du Sacré-Cœur, rue de Varennes. Fuyant, persécuté, il venait demander un refuge à ses ouailles les plus fidèles, heureuses de pouvoir offrir sous leur toit hospitalier un abri à celui qui, comme son maître et son modèle, n'avait pas même une pierre pour y reposer sa tête. J'ai pu voir l'empressement et la joie des dames religieuses de Saint-Michel lorsqu'elles possédaient leur saint archevêque. Mais ce qu'il m'a été permis aussi de voir et d'admirer, c'était le dévouement de Mme de Gramont, quand Mgr de Quélen venait faire au couvent du Sacré-Cœur un séjour dont il avait fixé, par ordre et d'avance, le commencement et la durée. C'était lui qui, malgré son rang et son élévation de supérieur, se croyait tenu à la reconnaissance ; mais la digne et généreuse supérieure ne voulait se réserver chez elle d'autre droit que celui de le servir, et semblait elle-même plus reconnaissante encore de l'occasion qu'il daignait lui fournir d'exercer le devoir d'une si précieuse hospitalité, et, certes, toute sa communauté partageait avec elle cet empressement et cette sollicitude.

Cependant celui qui en était l'objet, frappé au cœur par les coups d'une si injuste persécution, languissait depuis quelque temps; et les soins qu'on lui prodiguait pouvaient bien adoucir ses souffrances, mais non prolonger au delà du terme fatal une existence brisée par tant de douleurs. Après de longues vicissitudes de crainte et d'espérance, ce terme, objet de ses vœux, arriva, et jamais les soins, les attentions de Mme de Gramont ne se montrèrent plus actifs, plus assidus que pendant ces tristes et derniers jours. Tant qu'il ne lui avait fallu vis-à-vis de l'archevêque de Paris qu'une prévenance et des attentions délicates, naturelles, en quelque sorte, à une âme aussi élevée que la sienne, elle dut être, mais enfin elle ne fut qu'admirable; mais rencontrant bientôt l'occasion de déployer devant les souffrances, et le danger toujours croissant du noble prélat, un dévoûment au dessus de ses forces, elle devint aussitôt sublime. Hélas! cette force d'âme presque surhumaine devait bientôt se manifester dans une épreuve plus pénible encore. En effet, malgré les efforts inouis de sa tendresse presque filiale, joints à tous ceux de l'art le plus éclairé et le plus assidu, arriva le jour où le saint pontife rendit son âme à ce Dieu qu'il avait si bien servi, pour lequel et en vue de qui il avait tant souffert.

On conçoit les amers regrets dont fut suivie, pour Mme de Gramont, une perte qui, bien que prévue, n'en était pas moins cruelle. Elle ne demanda de consolation qu'au ciel, et trouva dans la pensée des récompenses dont une âme si pure et si éprouvée, était déjà, sans doute, en possession, le seul baume capable d'adoucir sa juste douleur.

L'équitable histoire flétrira comme une des hontes les plus ineffaçables de la révolution de juillet, cette sorte d'exil auquel sembla condamné, au sein même de son diocèse, un prélat si digne d'admiration et de respect, et consacrera l'hommage que nous rendons ici à la conduite de Mme de Gramont, réparant autant qu'il était en elle l'injustice d'une si odieuse persécution.

Je viens de la montrer versant ses prières avec ses larmes sur la tombe du vertueux prélat, en qui elle avait trouvé à la fois un père et un ami, et voilà que c'est elle-même que je dois maintenant présenter terminant, dans les douleurs d'une lutte dernière, une vie qui n'avait presque été qu'une continuelle souffrance. Ses forces, depuis long-temps abattues, achevèrent lentement de s'épuiser; elle en sentait le déclin sans s'affliger, ni se plaindre. Tant qu'elle put vaquer à ses devoirs ordinaires, rien ne parut changé dans ses habitudes. La force de l'âme suppléait à la faiblesse d'un corps dont elle soutenait la défaillante langueur. Enfin il fallut céder; mais en cédant, elle voulut encore, jusque sur le lit où elle était enchaînée par la douleur, continuer à remplir les plus importans et les plus difficiles devoirs de sa charge de supérieure. C'était elle qui donnait tous les ordres, qui répondait à tout, avec un esprit aussi libre et aussi présent que dans ses meilleurs jours; et, jusqu'à la veille de sa mort, elle conserva ainsi, avec l'usage de ses facultés, cette force d'âme qui les appliquait à l'accomplissement de ses pénibles fonctions. Les approches de la mort ne réveillèrent en elle que de saintes et douces espérances. Tandis que toute la communauté pleurait d'avance la perte irréparable qu'elle allait faire, elle seule paraissait heureuse et tranquille. Ces larmes, témoignage aussi persuasif que touchant d'une vive et profonde affection, proclament dans leur muet langage, plus hautement encore que les éloges les plus directs, les vertus et les hautes qualités de celle qui en était l'objet. Ces larmes renfermaient à la fois et l'histoire d'un passé d'où les souvenirs ne rapportaient à l'âme qu'un sentiment plus douloureux de ce que l'on allait perdre, et la perspective d'un avenir attristé par d'inconsolables regrets. Mme Barat, fondatrice et supérieure générale de la société du Sacré-Cœur, partageait l'affliction commune. Malgré son âge déjà avancé et son état habituel de souffrance, elle ne s'éloignait qu'à regret du lit de la chère malade, soit pour la suppléer dans la partie de ses fonctions qu'elle ne pouvait remplir, soit pour aller au pied de l'autel demander à Dieu la prolongation d'une existence si précieuse. C'était un bien touchant spectacle de voir une femme qui, dans la fondation et le gouvernement d'un ordre aujourd'hui si répandu, a présenté au monde un de ces esprits d'élite dont Dieu se sert pour l'accomplissement de ses grands desseins, ne le céder à aucune de ses inférieures en soins affectueux et en tendre sollicitude. Toutes, en effet, comme si leurs efforts n'eussent pas été sans espérance, s'empressaient autour de ce lit où allait s'éteindre une vie que chacune d'elles aurait voulu pouvoir racheter au prix de la sienne. Elles s'oubliaient elles-mêmes et se refusaient le repos le plus nécessaire pour prodiguer à leur mère mourante les soins d'une tendresse qui bientôt ne pourrait plus s'exercer que par la prière. Une surtout ne pouvait consentir à s'éloigner d'elle. Mme de Gramont, au milieu même de ses souffrances qui auraient pu lui dérober le sentiment de cette affection filiale, en était touchée et attendrie. » Je ne tiens plus à la terre, lui disait-elle, la vie est prête à m'échapper, et cependant je sens encore la consolation d'avoir une fille telle que vous, si bonne, si dévouée. » La religieuse à qui s'adressait un mot si touchant était celle qui avait le plus constamment partagé ses peines, ses consolations et ses travaux. Son nom brillerait auprès des noms les plus justement célèbres de la littérature contemporaine, si sa modestie n'eût voulu le soustraire à la renommée. « Le génie, a dit un philosophe, est la sensibilité. » Qui s'étonnerait donc qu'une femme en qui le dévoûment et l'affection pour sa digne supérieure étaient devenus un sentiment vif et profond, ait enfin succombé à l'excès de ses émotions plutôt qu'à celui de ses fatigues ; et qu'il ait fallu l'éloigner pour quelques jours de ces lieux où sa douleur aurait trouvé un trop continuel aliment.

Ces détails si touchans ne sont point restés renfermés dans l'enceinte du cloître. De fidèles témoins les ont portés au dehors ; et c'est pour moi une douce consolation de me faire ici leur écho.

Cependant Mgr l'archevêque de Paris, instruit du danger où se trouvait la pieuse mère de Gramont, s'était empressé de venir la visiter. Pouvait-il, en effet, ne pas éprouver pour elle la sollicitude dont elle avait été si vivement préoccupée elle-même à l'époque de la maladie et de la mort de Mgr de Quélen, pour lequel il montra aussi, dans ces douloureuses circonstances, un si profond dévoûment ?

Mais cet intérêt témoigné à Mme de Gramont dans ses derniers momens, par Mgr l'archevêque de Paris, plus heureux en ce qu'il pouvait pénétrer auprès d'elle, était partagé par les amis dévoués qui, pendant sa longue et cruelle maladie, assiégèrent constamment sa porte. C'étaient des hommes aussi élevés par leur caractère que par leur rang dans le monde, et qui, en d'autres temps, admis à la visiter, se disputaient les trop courts instans qu'elle voulait bien leur accorder. Aussi, douée comme elle l'était de la plus touchante mémoire de cœur, elle n'aura certainement pas oublié de recommander à Dieu, en ce moment suprême, tous ces amis dont l'affection et le dévoûment lui étaient si connus. Il nous est revenu, en effet, que chaque fois qu'on lui nommait les personnes qui étaient venues savoir avec intérêt et anxiété de ses nouvelles, elle élevait aussitôt vers le ciel son regard dont les plus cruelles douleurs ne purent troubler la sérénité, et qui semblait réfléter à la fois, et l'éclat de sa belle âme et la tranquille paix de son cœur; regard doux et éloquent qui encourageait et consolait tandis qu'elle était en santé, et qui, sur son lit de mort, encourageait et consolait encore. Et cependant, tel devait être, au rapport des médecins, l'excès de ses souffrances, qu'elles auraient été capables d'égarer sa raison, si elle n'eût trouvé un ferme appui dans la force et l'héroïsme de sa foi.

Un peu après avoir reçu les sacremens, elle dit avec sa douceur céleste : « Je ne m'attendais pas que cette année

1846, serait la dernière de ma vie. — Si vous l'aviez su, lui répondit une de ses filles, vous n'auriez pas travaillé davantage pour Dieu ? » elle parut réfléchir et reprit simplement : « Non. » Combien en est-il qui, dans un semblable moment, eussent pu faire la même réponse ? Quelle vie que celle où sur le point de paraître devant le juge suprême, la conscience peut rendre un tel témoignage. Qu'on nous permette de rapprocher de ce mot cet autre que je lis dans son testament : « Je meurs très heureuse d'avoir passé ma vie dans la société du Sacré-Cœur. » Ainsi, au moment où elle l'écrivait, lorsque son œil éclairé déjà, sans doute, des lumières de l'éternité, parcourait ces quarante années qu'elle avait passées dans les pratiques et les devoirs de sa vie religieuse, un sentiment de bonheur consolait et remplissait son âme. Certes, ce mot prononcé dans un pareil instant fait à la fois l'éloge de toute sa vie, et celui du pieux institut où elle s'écoula sous l'heureux empire d'une sainte discipline.

Ce fut donc au milieu d'un calme inaltérable et d'une douce paix, avant-goût du repos céleste, que le 19 décembre dernier, entourée des bénédictions et des regrets de la mère générale de son ordre, et de ses filles en J.-C., Mme Eugénie de Gramont, affranchie des derniers liens de la mortalité, s'envola loin de ce séjour de misères vers l'heureuse patrie objet de ses vœux et de ses plus chères espérances. C'est là que doivent la chercher désormais les souvenirs de tous ceux qui ont eu le bonheur de l'approcher ici-bas, et sans doute, elle aussi, fidèle encore dans le sein de l'éternelle charité à cette tendre bienveillance, qui lui fit prendre, comme saint Paul, une part volontaire de toutes les peines, de toutes les douleurs dont l'amitié ou la confiance versa le secret dans son âme, porte au pied du trône de Dieu des prières qui feront descendre sur eux la rosée des dons célestes.